Action Alphabet

A for apple /a/ /a/ /a/.
B for bounce /b/ /b/ /b/.

C for cut /c/ /c/ /c/.
D for dig /d/ /d/ /d/.

E for elbow /e/ /e/ /e/.
F for fan /f/ /f/ /f/.
G for gallop /g/ /g/ /g/.

H for hop /h/ /h/ /h/.
I for itch /i/ /i/ /i/.
J for jump /j/ /j/ /j/.

K for kick /k/ /k/ /k/.
L for love /l/ /l/ /l/.
M for munch /m/ /m/ /m/.

N for nod /n/ /n/ /n/.
O for opera /o/ /o/ /o/.
P for push /p/ /p/ /p/.

Q for quiet /q/ /q/ /q/.
R for run /r/ /r/ /r/.
S for sew /s/ /s/ /s/.

T for talk /t/ /t/ /t/.
U for upside-down /u/ /u/ /u/.
V for volley /v/ /v/ /v/.

W for wiggle /w/ /w/ /w/.
X for x-ray /x/ /x/ /x/.

Y for yawn /y/ /y/ /y/.
Z for zigzag /z/ /z/ /z/.

Letters and sounds are all you need.
Put them together and you can read!